Pull Ahead READERS

Ojibwemowin

Ezhiwebak Dagwaagig

Katie Peters

Gaa-anishinaabewisidood
Chato Ombishkebines Gonzalez

Lerner Publications ◆ Gakaabikaang

Odibendaan Lerner Publications, Lerner Publishing Group, Inc.
241 First Avenue North
Gakaabikaang 55401 USA

Nanda-mikan nawaj mazina'iganan imaa www.lernerbooks.com.

Memphis Pro izhinikaade yo'ow dinowa ezhibii'igaadeg.
Linotype ogii-michi-giizhitoon yo'ow dinowa ezhibii'igaadeg.

Nimbagidinigonaanig da-aabajitooyaang onow mazinaakizonan omaa mazina'iganing
ingiw: © Elenathewise/iStockphoto, p. 3; © skynesher/iStockphoto, pp. 4–5; © PH888/
Shutterstock Images, pp. 6–7; © AVTG/iStockphoto, pp. 8–9, 16 (clouds); © sueuy
song/iStockphoto, pp. 10–11, 16 (wind); © Evgeny Atamanenko/Shutterstock Images,
pp. 12–13, 16 (rain); © Gins Wang/iStockphoto, pp. 14–15.

Badagwaniigin: © FatCamera/iStockphoto

Library of Congress Cataloging-in-Publication Data

The Cataloging-in-Publication Data for the English version of *Weather in Fall* is on file
at the Library of Congress

ISBN 978-1-7284-9128-8 (lib. bdg.)
ISBN 978-1-7284-9811-9 (epub)

Nanda-mikan yo'ow mazina'igan imaa https://lccn.loc.gov/2022033565
Nanda-mikan yo'ow waasamoo-mazina'igan imaa https://lccn.loc.gov/2022033566

Gii-ozhichigaade Gichi-mookomaan-akiing
1-1010579-53586-3/21/2024

Ezhisijigaadeg yo'ow Mazina'igan

Ezhiwebak Dagwaagig

Bakaan izhiwebad agwajiing dagwaagig.

Ani-dakaayaa dagwaagig.

Ningwakwad iko dagwaagig.

Noodin iko dagwaagig.

Gimiwan iko dagwaagig.

Niminwendaan ezhiwebak agwajiing dagwaagig!

Aaniin ezhiwebak agwajiing endanakiiyan?

Gigii-waabandaanan ina?

gimiwan

ningwakwad

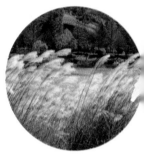
noodin

Ikidowinan

dakaayaa, 7

gimiwan, 13

izhiwebad
    agwajiing, 5, 15

ningwakwad, 9

noodin, 11